Dieses

Karmapunkte-Tagebuch gehört

____

Auf den folgenden Seiten kannst du jeden Tag deine Erlebnisse und Erfahrungen beim Sammeln deiner Karmapunkte aufschreiben. Die Karmapunkte trägst du durch Ausmalen der vorgedruckten Punkte ein. Das bedeuten sie:

●

Erledigt.

● ●

Das war ganz okay.

● ● ●

Das lief doch gut.

● ● ● ●

Fühlt sich super an!

● ● ● ● ●

Absolut perfekt! Das mache ich jetzt regelmäßig.

Meine gute Tat an diesem Tag

Meine Karmapunkte

○ ○ ○ ○ ○

Meine gute Tat an diesem Tag

Meine Karmapunkte

○ ○ ○ ○ ○

Meine gute Tat an diesem Tag

Meine Karmapunkte

○ ○ ○ ○ ○

Meine gute Tat an diesem Tag

Meine Karmapunkte

○ ○ ○ ○ ○

Meine gute Tat an diesem Tag

Meine Karmapunkte

○ ○ ○ ○ ○

Meine gute Tat an diesem Tag

Meine Karmapunkte

○ ○ ○ ○ ○

Meine gute Tat an diesem Tag

Meine Karmapunkte

○ ○ ○ ○ ○

Meine gute Tat an diesem Tag

Meine Karmapunkte

○ ○ ○ ○ ○

Meine gute Tat an diesem Tag

Meine Karmapunkte

○ ○ ○ ○ ○

Meine gute Tat an diesem Tag

Meine Karmapunkte

○ ○ ○ ○ ○

Meine gute Tat an diesem Tag

Meine Karmapunkte

○ ○ ○ ○ ○

Meine gute Tat an diesem Tag

Meine Karmapunkte

○ ○ ○ ○ ○

Meine gute Tat an diesem Tag

Meine Karmapunkte

○ ○ ○ ○ ○

Meine gute Tat an diesem Tag

Meine Karmapunkte

○ ○ ○ ○ ○

Meine gute Tat an diesem Tag

Meine Karmapunkte

○ ○ ○ ○ ○

Meine gute Tat an diesem Tag

Meine Karmapunkte

○ ○ ○ ○ ○

Meine gute Tat an diesem Tag

Meine Karmapunkte

○ ○ ○ ○ ○

Meine gute Tat an diesem Tag

Meine Karmapunkte

○ ○ ○ ○ ○

Meine gute Tat an diesem Tag

Meine Karmapunkte

○ ○ ○ ○ ○

Meine gute Tat an diesem Tag

Meine Karmapunkte

○ ○ ○ ○ ○

Meine gute Tat an diesem Tag

Meine Karmapunkte

○ ○ ○ ○ ○

Meine gute Tat an diesem Tag

Meine Karmapunkte

○ ○ ○ ○ ○

Meine gute Tat an diesem Tag

Meine Karmapunkte

○ ○ ○ ○ ○

Meine gute Tat an diesem Tag

Meine Karmapunkte

○ ○ ○ ○ ○

Meine gute Tat an diesem Tag

Meine Karmapunkte

○ ○ ○ ○ ○

Meine gute Tat an diesem Tag

Meine Karmapunkte

○ ○ ○ ○ ○

Meine gute Tat an diesem Tag

Meine Karmapunkte

○ ○ ○ ○ ○

Meine gute Tat an diesem Tag

Meine Karmapunkte

○ ○ ○ ○ ○

Meine gute Tat an diesem Tag

Meine Karmapunkte

○ ○ ○ ○ ○

Meine gute Tat an diesem Tag

Meine Karmapunkte

○ ○ ○ ○ ○